Marcus Pfister

Der Regenbogenfisch

Das ABC und die Zahlen bis 10

ellermann

Am Anfang stehen **A**, **B**, **C**,
dahinter folgen **D** und **E**.

Dann **F** und **G**, so geht's voran,
H, **I** und **J** schließen sich an.

Als Nächstes folgen **K** und **L**,
noch **M** und **N** – das ging ganz schnell.

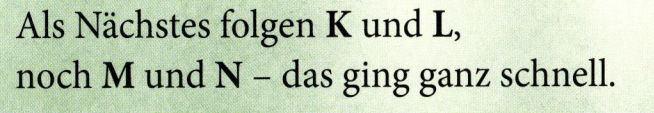

O, **P** und **Q**, die können sehen,
dass **R** und **S** daneben stehen.

Schon siehst du **T**, danach kommt **U**,
dann **V** und **W** – das ging im Nu.

Wie viele 🔴 Schuppen hat der Regenbogenfisch?

Wie viele 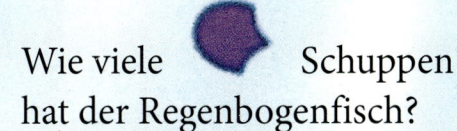 Schuppen hat der Regenbogenfisch?

Wie viele Schuppen hat der Regenbogenfisch?